Cuestión de dinero

Contemos monedas

Conocimientos financieros

Michelle Jovin, M.A.

Asesora

Colene Van Brunt
Educadora de matemáticas
Escuelas Públicas del Condado de Hillsborough

Créditos de publicación

Rachelle Cracchiolo, M.S.Ed., *Editora comercial*
Conni Medina, M.A.Ed., *Redactora jefa*
Dona Herweck Rice, *Realizadora de la serie*
Emily R. Smith, M.A.Ed., *Realizadora de la serie*
Diana Kenney, M.A.Ed., NBCT, *Directora de contenido*
June Kikuchi, *Directora de contenido*
Caroline Gasca, M.S.Ed., *Editora superior*
Susan Daddis, M.A.Ed., *Editora*
Karen Malaska, M.Ed., *Editora*
Sam Morales, M.A., *Editor asociado*
Kevin Panter, *Diseñador gráfico superior*
Jill Malcolm, *Diseñadora gráfica básica*

Créditos de imágenes: Todas las imágenes provienen de iStock y/o Shutterstock.

Library of Congress Cataloging-in-Publication Data

Names: Jovin, Michelle, author.
Title: Contemos monedas : conocimientos financieros / Michelle Jovin.
Other titles: Counting coins. Spanish
Description: Huntington Beach, CA : Teacher Created Materials, 2019. | Series: Cuesti?on de dinero | Includes index. |
Identifiers: LCCN 2018055929 (print) | LCCN 2019008963 (ebook) | ISBN 9781425823146 (eBook) | ISBN 9781425828523 | ISBN 9781425828523¬q(pbk.)
Subjects: LCSH: Money--Juvenile literature. | Coins--Juvenile literature.
Classification: LCC HG221.5 (ebook) | LCC HG221.5 .J6818 2019 (print) | DDC 332.4/0430973--dc23
LC record available at https://lccn.loc.gov/2018055929

Teacher Created Materials
5301 Oceanus Drive
Huntington Beach, CA 92649-1030
www.tcmpub.com

ISBN 978-1-4258-2852-3

Printed in China
51497

Contenido

Monedas de 1 centavo

Usamos **monedas** para comprar cosas.

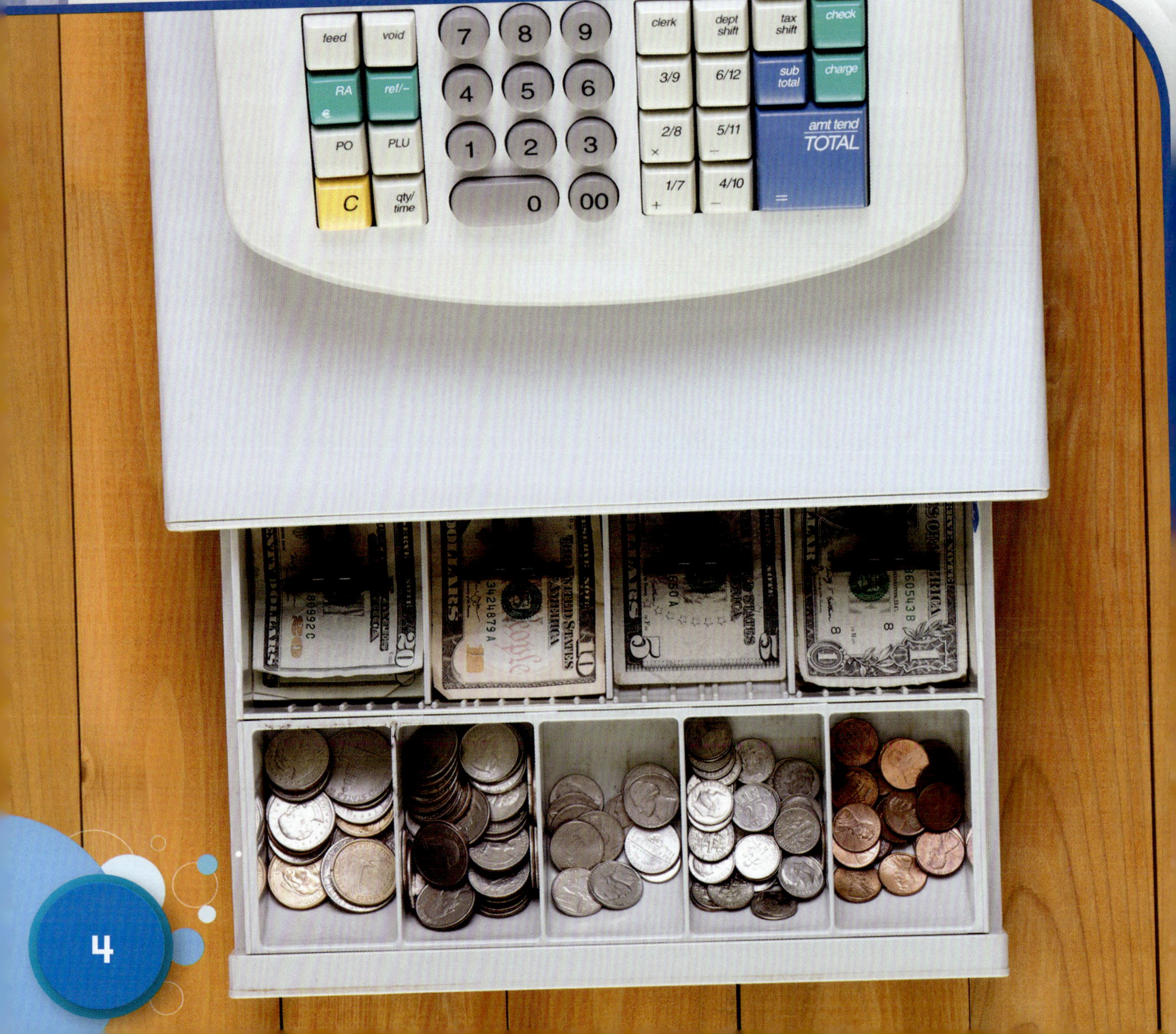

La moneda que tiene menor **valor** es la de 1 centavo. Es de color **cobre**.

Esta moneda
vale 1 centavo.
Escribimos
1 centavo como 1¢.

= 1¢

¿Cuántas monedas de 1 centavo hay? Cinco de estas **equivalen** a 5¢.

+

5¢

Monedas de 5 centavos

La siguiente moneda es la de 5 centavos. Es más grande en tamaño que la de 1 centavo. También vale más.

IN GOD WE TRUST
LIBERTY·1941
LIBERTY·1956
LIBERTY·1947
IN GOD
FIVE CENTS

Esta moneda vale 5 centavos. Escribimos 5 centavos como 5¢.

¿Cuántas monedas de 5 centavos hay? Dos de estas equivalen a 10¢.

= 5¢

+

= 10¢

¡HAGAMOS MATEMÁTICAS!

Kay está haciendo **tareas domésticas**. Mientras limpia, encuentra monedas en los cojines del sillón. Cuenta las monedas de Kay para resolver los problemas.

1. Kay encuentra ____ monedas de 1 centavo. Estas monedas valen ____¢.

2. Kay encuentra ____ monedas de 5 centavos. Estas monedas valen ____¢.

3. ¿Cómo hallaste el valor de las monedas de 5 centavos de Kay?

Monedas de 10 centavos

La siguiente moneda es la de 10 centavos. Es más pequeña en tamaño que la de 5 centavos. Pero su valor es mayor.

UNITED STATES OF AMERICA
ONE DIME

Esta moneda vale 10 centavos. Escribimos 10 centavos como 10¢.

¿Cuántas monedas de 10 centavos hay? Cinco de estas equivalen a 50¢.

= 10¢

= 50¢

¡Hagamos matemáticas!

Misu va a una dulcería. Tiene monedas para **gastar**. Cuenta las monedas de Misu para resolver los problemas.

Misu tiene ______ monedas de 10 centavos. Valen ______¢.

1. ¿Cómo hallaste el valor de las monedas de 10 centavos de Misu?

2. ¿Cuántas monedas de 1 centavo valen lo mismo que las monedas de 10 centavos de Misu? ¿Cómo lo sabes?

Monedas de 25 centavos

La siguiente moneda es la de 25 centavos. Las monedas de 25 centavos son más grandes en tamaño que las demás monedas. Su valor también es mayor que el de las otras.

LIBERTY
IN GOD WE TRUST
1979

Esta moneda vale 25 centavos. Escribimos 25 centavos como 25¢.

= 25¢

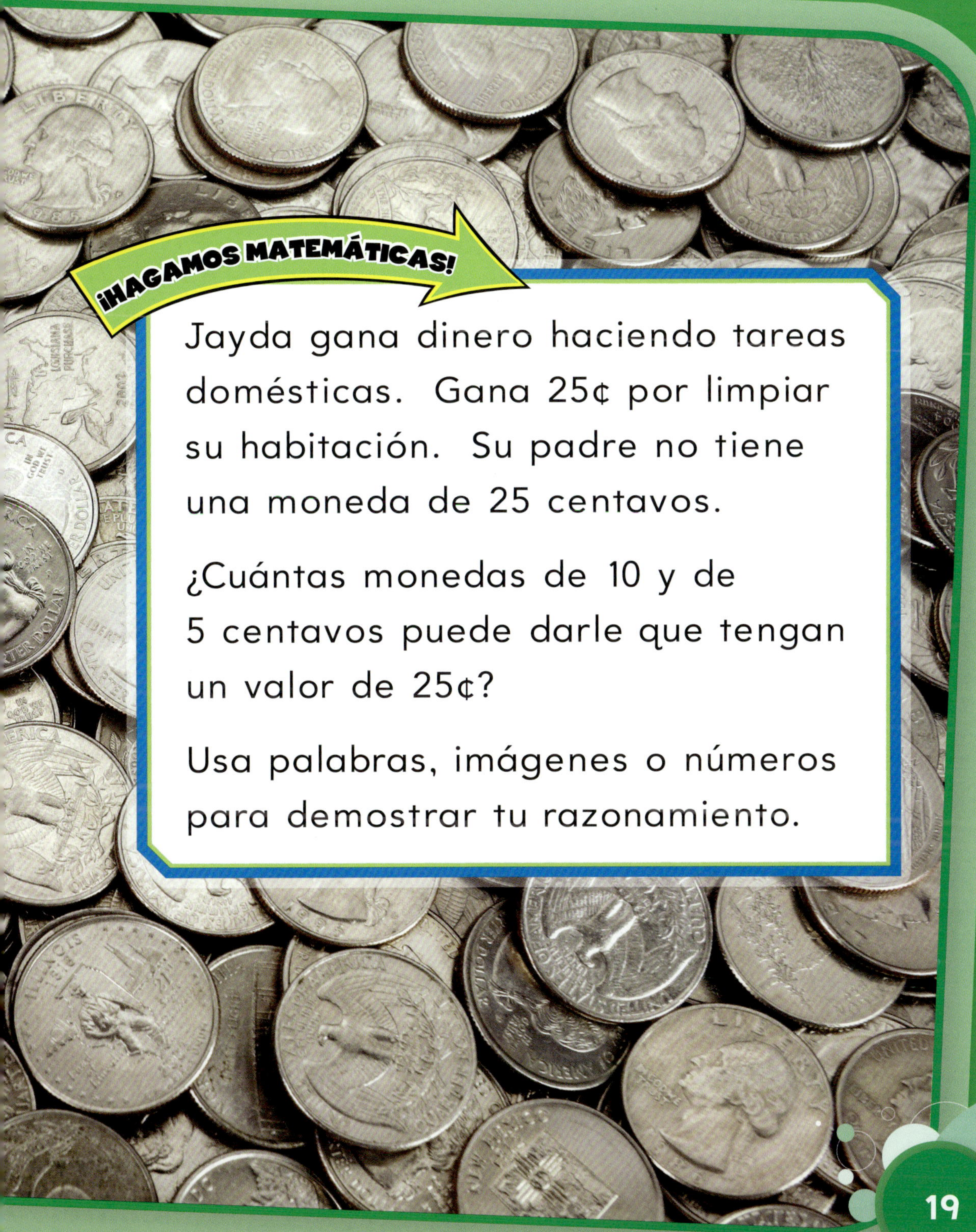

¡HAGAMOS MATEMÁTICAS!

Jayda gana dinero haciendo tareas domésticas. Gana 25¢ por limpiar su habitación. Su padre no tiene una moneda de 25 centavos.

¿Cuántas monedas de 10 y de 5 centavos puede darle que tengan un valor de 25¢?

Usa palabras, imágenes o números para demostrar tu razonamiento.

Resolución de problemas

Bert tiene un frasco con monedas. Ayúdalo a hallar el valor de cada grupo de monedas. Luego, responde las preguntas.

Moneda	Cantidad de monedas	Valor
1 centavo		
5 centavos		
10 centavos		
25 centavos		

1. ¿Cómo hallaste el valor de cada grupo de monedas?

2. ¿Cuál es el valor total de todas las monedas?

LIBERTY
1989
ONE CENT
UNITED STATES OF AMERICA
IN GOD WE TRUST

Glosario

cobre: de color café rojizo

equivalen: son iguales a

gastar: pagar dinero por algo

monedas: dinero de metal

tareas domésticas: trabajos que suelen hacerse en la casa

valor: lo equivalente a cierta cantidad de dinero

Índice

Soluciones

¡Hagamos matemáticas!

página 11:

1. 8 monedas de 1 centavo, 8¢
2. 3 monedas de 5 centavos, 15¢
3. contando de 5 en 5

página 15:

4 monedas de 10 centavos, 40¢

1. contando de 10 en 10
2. 40 monedas de 1 centavo; 40 monedas de 1 centavo valen 40¢

página 19:

Las respuestas variarán. Ejemplo: 2 monedas de 10 centavos y 1 moneda de 5 centavos

Resolución de problemas

1 centavo—5, 5¢

5 centavos—3, 15¢

10 centavos—2, 20¢

25 centavos—1, 25¢

1. contando de 1 en 1, 5 en 5 y 10 en 10
2. 65¢